LA VERGOGNA

Un capolavoro di Inumar Bergman

Saggio

Salvatore M. Ruggiero

La vergogna
(1967)

(Titolo originale:
Skammen
titolo in inglese:
The shame)

a tutti i pacifisti.

Una frase:

"Ma voi vi renderete certamente conto che, quando si è artisti, quando si creano film è molto importante non essere logici. Bisogna essere incoerenti. Se si è logici, la bellezza sfugge, scompare dalle tue opere. Dal punto di vista delle emozioni, bisogna essere illogici, è proibito non esserlo. Ma se si ha fiducia nelle proprie emozioni, allora si può essere del tutto incoerenti. Non fa nulla. Perché si ha il potere di cogliere le conseguenze delle emozioni che hai suscitato. Per sempre.[1]"

---

1 Dichiarazione di Ingmar Bergman dal libro di O.Assayas e S.Bjorkman: *Conversazione con Ingmar Bergman*.

PROLOGO

La vergogna: è la guerra vista da Ingmar Bergman.

Infatti si sarebbe dovuto chiamare proprio: *La guerra.*

Dice Ingmar Bergman: *"Ma per tutto il tempo in cui scrivevo la sceneggiatura, la storia s'intitolava:* I sogni della vergogna.[2]*"*

"Quando rivedo La vergogna, *trovo che è spezzato in due parti. La prima metà, dedicata alla guerra, è brutta. L'altra, sugli effetti della guerra, è bella. La prima metà è assai peggiore di quanto immaginassi, ma l'altra è migliore rispetto a come la ricordavo."* (E, in effetti, n.d.A.) ... *"la parte migliore del film inizia quando la guerra finisce ed iniziano i dolori. Comincia nel campo di patate, dove Liv Ullman e Max von Sydow si*

---

2   Ingmar Bergman, *Immagini.*

muovono in un cupo silenzio. Si può forse dire che l'altra parte si faccia carico di un intreccio un po' troppo artefatto circa un pacco di banconote che per parecchie volte cambia possessore. E' drammaturgia americana degli anni cinquanta. Ci sono comunque alcuni particolari, nella prima metà, che vanno bene. Inoltre, l'inizio del film è buono. La situazione della coppia e lo sfondo sono stabiliti con efficacia.[3] "

Il film fu proiettato in prima assoluta, contemporaneamente a Stoccolma e al Festival di Sorrento. Dove era presente, in sostituzione del regista, rimasto da solo nella sua amata Faro, la protagonista principale, nonché, in quel periodo, compagna di vita di Ingmar Bergman, Liv Ullman.

"La prima della Vergogna *ebbe luogo il 29 settembre 1968. Il giorno dopo*

3   Ingmar Bergman, *Immagini.*

stesi nella mia agenda di lavoro il seguente appunto: Me ne sto a Faro e aspetto. Se ci si isola completamente per propria volontà, la solitudine può essere anche abbastanza bella.[4]"

Ingmar Bergman era convinto di aver costruito un ottimo prodotto, come ne era convinto all'epoca di almeno altri due suoi film: *Nave per le Indie*[5] e *L'uovo del serpente*[6].

Come credeva di avere anche contribuito con la sua testimonianza al dibattito globale sul problema della guerra: *"Credevo inoltre di aver portato un contributo al dibattito sociale (la guerra del Vietnam). [7]"*

E credeva anche che: *"... La vergogna fosse un film ben fatto.[8]"*

Ne era talmente convinto che, forse, in

---

4   Ingmar Bergman, *Immagini.*
5   *Skepp till Indialand*, 1947.
6   *Ormens ägg*, 1976.
7   Ingmar Bergman, *Immagini.*
8   Ibidem.

cuor suo, pensando che avrebbe potuto raccogliere una messe di consensi, convocò i giornalisti a Faro.

Invece, proprio lì gli piovve addosso, proveniente per fortuna solo da una parte della stampa presente, un'accusa inaudita, alquanto generica e frettolosa, di qualunquismo.

Il regista se ne sarebbe reso reo per alcune dichiarazioni espresse proprio nei confronti della guerra del Vietnam. A tali critiche il Maestro rispose, semplicemente ma fermamente, dicendo di non essere interessato a sapere di chi fosse la responsabilità della guerra in Vietnam, né di tutti gli altri innumerevoli focolai bellici sparsi per il mondo.

Con molta probabilità i giornalisti che obiettarono si riferivano, in modo particolare, alla scena, e soprattutto ai dialoghi, della intervista rilasciata dalla protagonista Eva Rosenberg all'intervistatore di una radio[9], per un programma che avrebbe dovuto chiamarsi: *Voci della libertà, 1968.*

Intervistatore: *Che idee politiche segue?*

Eva Rosenberg: *Non ho nessuna idea politica.*

Intervistatore: *Come, non ha idee politiche?*

Eva Rosenberg: *E' difficile tenersi al corrente qui. Abbiamo la radio rotta da tanto tempo.*

Intervistatore: *Per lei è indifferente in quale sistema politico deve vivere?*

Eva Rosenberg: *No, ma con questa guerra che dura da tanto... Per noi non è facile avere delle...*

Intervistatore: *Ma ha delle preferenze?*

Eva Rosenberg: *Sì...* "

Il dibattito politico (non la politica) a Ingmar Bergman ha sempre creato

---

9   Interpretato da Vilgot Sjoman.

qualche pensiero, specie nei suoi rapporti con la stampa.

Forse per questo motivo il maestro svedese ha sempre mostrato di disinteressarsene.

Fin dal momento in cui dovette rispondere delle sue presunte simpatie per il nazismo e per Hitler.

L'episodio increscioso e, probabilmente sopravvalutato dai suoi detrattori, viene descritto doviziosamente dallo stesso Ingmar Bergman nella sua autobiografia e si riferisce ad una sua vacanza in Germania nel 1934, quando aveva appena 16 anni, ospite della famiglia un pastore protestante.

"Capitai nella famiglia di un prete in Turingia, in un paesino di nome Haina, a mezza strada tra Weimar e ed Eisenach... Il mio amico Hannes sembrava ritagliato da un giornale di propaganda nazionalsocialista:

biondo alto, occhi azzurri, un sorriso franco, orecchie piccolissime e una peluria che sarebbe divenuta barba... La domenica la famiglia andò alla messa. La predica del pastore fu sorprendente. Il suo punto di partenza non furono i vangeli ma il Mein Kampf... *A Weimar doveva tenersi il congresso del partito con una gigantesca manifestazione capeggiata da Hitler... Io e la famiglia del pastore occupammo i nostri posti vicino alla tribuna d'onore... Alle tre in punto s'udì qualcosa simile all'avvicinarsi di un uragano... Il boato crebbe e coprì i suoni del temporale che nel frattempo s'era scatenato... Il Fuhrer parlò... Quando il discorso finì, tutti gridarono il loro Heil!, il temporale cessò e i caldi raggi del sole squarciarono le nubi blu e nere.*[10]"

---

10 Ingmar Bergman, *Lanterna magica.*

A questo lungo racconto (che in realtà sarebbe stato molto più lungo, ma dal quale l'Autore di questo saggio ha estratto i passi salienti) si aggiunga che:

1) per il suo compleanno Ingmar Bergman ricevette dalla famiglia ospite una foto di Hitler che l'amico Hannes appese sul suo letto;

2) che il fratello maggiore Dag fu uno dei fondatori e degli organizzatori del partito nazionalsocialista svedese;

3) che un suo insegnante di storia era entusiasta dell'antica Germania;

4) che il suo insegnante di ginnastica andava tutte le estati ai raduni ufficiali in Baviera;

5) che alcuni preti della parrocchia erano nazisti nascostamente;

6) che buona parte degli amici di

famiglia manifestavano, più o meno apertamente, simpatie per la Grande Germania;

7) e, infine, che anche il padre votò più volte per il partito nazionalsocialista.

Tutto questo quadro cambiò, e con esso anche l'opinione di Ingmar Bergman sul nazismo, su Hitler e i suoi luogotenenti, appena qualche mese dopo la fine della guerra.

Quando vennero alla luce e si scoprirono agli occhi del mondo intero tutti gli orrori veri del nazismo.

"Le testimonianze dai campi di concentramento furono per me un colpo, dapprima la mia ragione non volle accettare quel che i miei occhi registravano. Come molti altri definii quelle immagini menzogne manipolate dalla propaganda. Quando infine la verità prevalse sulla mia resistenza fui

preso dalla disperazione, e il disprezzo di me stesso - che già mi opprimeva – si rafforzò fino a superare il limite del sopportabile. Solo più tardi capii d'essere, nonostante tutto, piuttosto innocente... Venni messo brutalmente a contatto con un'aggressività che corrispondeva ampiamente a quella che provavo io. Lo sfolgorio esteriore mi abbagliò. Non vidi la tenebra[11] "

Forse anche questi motivi suoi personali e intimi contribuirono alla realizzazione, dopo più di un trentennio dalla fine della grande guerra, esattamente nel 1976, de *L'uovo del serpente[12]*, il suo unico film nel quale l'argomento del nazismo viene sfiorato.
Nel film si tratta, piuttosto, dei suoi prodromi e non proprio dei orrori più

---

11 Ingmar Bergman, *Lanterna magica*.
12 *Ormens agg*, 1976.

marchiani, o comunque non del suo aspetto più disumano: quello dei campi di sterminio, bensì dei suoi aspetti più nascosti, più psicologici.

Non a caso il film è ambientato, infatti, nel 1923, esattamente tra il 3 e l'11 del mese di novembre e la storia si dipana in una atmosfera cupa e opprimente.

E, tutto sommato, si concretizza in un monito politico di Ingmar Bergman contro la diffusione di tutte le ideologie più disumane e terribili. Forse un chiaro, diretto riferimento di Ingmar Bergman all'antico latinetto: *Homo homini lupus*, ripreso successivamente dal commediografo Plauto nella sua opera *Asinaria*: *"Lupus est homo homini[13]"* e, infine, dal filosofo inglese Thomas Hobbes, nel XVII° secolo.

---

13 Traduzione letterale: *L'uomo è lupo per gli altri uomini.*

SINOSSI

Eva e Jan Rosenberg (interpretati da una sensazionale Liv Ullmann e da un Max von Sidow in stato di grazia), sono una coppia di artisti, musicisti, per l'esattezza.
Suonano entrambi il violino.
Non hanno figli.
Ma sognano di averne in futuro (specie lei).
Anzi, progettano di avere un figlio, senza sapere, naturalmente, che da lì a poco la guerra arriverà anche sul loro eremo.
Dopo lo scioglimento della loro orchestra si sono, infatti, ritirati su un'isola deserta, dove sopravvivono coltivando verdure e ortaggi.
Senza lussi né confort ma, almeno, in piena tranquillità.
Nel mondo, però, già infuria la guerra.

Eva e Jan si troveranno presto alle prese, prima con il manifestarsi del conflitto sotto i loro occhi - morte, distruzione, assenza di senso - poi con le sue spiacevoli conseguenze.

La coppia sarà costretta ad attraversare esperienze terribili e umilianti ad opera, ora dell'uno ora dell'altro esercito.

Infatti poco dopo la loro vita verrà sconvolta dagli eventi bellici. Il corpo di un paracadutista – già morto – atterra improvvisamente sull'isola, dove arriveranno altri militari che, sospettando i due di essere gli uccisori del loro sodale, li arrestano con l'accusa di collaborazionismo. Il colonnello Jacobi, vecchio spasimante di Eva, aiuta la coppia in carcere e contemporaneamente insidia la donna, che alla fine cede al serrato corteggiamento del soldato.

Lui le affida perfino una somma di

denaro in custodia.

Jan scopre casualmente i soldi che Jacobi (interpretato da Gunnar Bjornstrand) aveva affidato ad Eva; li sottrae; esegue l'ordine perentorio del pescatore Filip della resistenza; uccide a sangue freddo il rivale in amore e anche un altro soldato, capitato casualmente sull'isola.

Gli uomini di Filip cercano invano i soldi di Jacobi finiti nelle mani di Jan.

Non li trovano e danno fuoco alla fattoria dei Rosenberg.

Non ritenendosi più al sicuro, Eva e Jan decidono di fuggire per mare.

Le efferatezze di cui sarà capace Jan non sono ancora finite.

Le sue mani si macchiano ancora di sangue.

Uccide un giovane disertore che si è nascosto in una serra e che è in procinto di fuggire su un barcone, per mare.

Con in tasca i soldi sottratti al colonnello ucciso, che si riveleranno preziosissimi ma sono anche il prezzo del tradimento di Eva, caricano su un carretto trainato Jan poche cose e fuggono in silenzio.

In una delle poche battute che lo spettatore udirà fino al racconto finale del sogno, Eva dice al marito: *Cosa sarà di noi se non riusciamo più a parlarci?*

Torna anche ne *La Vergogna* un tema caro a Ingmar Bergman: quello della incomunicabilità tra gli individui.

Sempre silenziosi, stanchi e affranti, i due raggiungono il mare, dove comprano un passaggio su un barcone in partenza, non si sa per dove.

In mare aperto, il natante va alla deriva, in un mare pieno di cadaveri galleggianti.

Una scena apocalittica.

Jan rema nel mare di cadaveri, non sa

quasi dove affondare il suo remo.

Lo usa per spostare i corpi morti dalla rotta del barcone.

Qualche passeggero si acquatta sul fondo della barca per non assistere all'orrore dei morti galleggianti.

Solo nel finale tutti i cadaveri, come per miracolo scompariranno, ed Eva racconterà il suo sogno: ricorda a Jan di aver sognato di avere una figlia.

Di seguito il testo tratto dalla sceneggiatura originale del film, scritto, come al solito meravigliosamente, da Ingmar Bergman.

"Ho fatto un sogno. Percorrevo una bellissima strada, da un lato c'erano delle case tutte bianche con arcate, colonne, portici, mentre dall'altro lato c'era un vastissimo parco e sotto gli alberi, lungo tutta la strada, scorreva dell'acqua verde cupo. Sono arrivata a un alto muro: era completamente

ricoperto di rose. Poi all'improvviso un aeroplano ha incendiato le rose. Io non avevo alcuna paura. Era tutto così splendido. Stavo lì a guardare nell'acqua e vi vedevo quelle rose bruciare. Io avevo una bambina in braccio, era nostra figlia. Si stringeva contro di me e sentivo che la sua bocca mi sfiorava la guancia e per tutto il tempo sapevo che dovevo ricordare qualcosa che qualcuno aveva detto e che io avevo dimenticato."

RECENSIONE

La vergogna (Skammen) non è un film di guerra (ovviamente), ma un film sulla guerra; anzi, sugli effetti della guerra sull'uomo e sui rapporti dell'uomo coi suoi simili.

Un film che spiega come lo stato di necessità possa deformare e straniare la psiche delle persone e condurle a rendersi protagoniste di atti efferati, come mai sarebbero stati capaci di porre in essere in condizioni normali.[14]

E, oltre che su sugli orrori generati dalla guerra, è anche un film sulla speranza che deve animare il dopo-guerra.

Al momento in cui il progetto partì,

---

14 Concetto espresso nella famosa battuta di Evald Borg (figlio di Isak): *Non esiste il bene e il male. Ma solo la necessità. E ciascuno vive secondo le proprie esigenze.* (Dalla sceneggiatura del film: *Il posto delle fragole*)

nella mente del Maestro, doveva chiamarsi, semplicemente, *La guerra*.

"*Quando feci* La vergogna, *avevo un intenso desiderio di rappresentare senza perifrasi la violenza della guerra. Ma le mie intenzioni e i miei desideri erano superiori alla mia competenza. Non capivo che quello che si chiedeva a un contemporaneo impegnato a descrivere la guerra erano una tenacia e una precisione professionale di tutt'altro genere rispetto a quelle che potevo mettere nell'opera.[15]*"

Il film è anche la risposta indiretta del Maestro al dibattito socio-politico sulla guerra (anche quella all'epoca più attuale e più tristemente famosa: la guerra del Vietnam).

Ed è anche la scelta ufficiale di campo del regista.

Egli condanna definitivamente la

---

15 Ingmar Bergman, *Immagini*.

guerra, sposando (ovviamente e definitivamente) un atteggiamento, completamente ed indiscutibilmente, pacifista.

In effetti far uscire un film sulla guerra in pieno 1968 era impresa che poteva passare per la mente, e riuscire, solo all'individualista, solipsista Ingmar Bergman.

Nonostante le polemiche che suscitò all'epoca, il suo film e il suo messaggio sembrano molto più eloquenti e chiari oggi di quanto non debbano essere apparsi alla fine degli anni '60.

In più egli tenne sempre a precisare che si dichiarava, non solo contro la guerra, ma anche contro ogni forma di violenza e di sopraffazione dell'uomo sull'uomo.

E, in effetti, il caso de *La vergogna* non costituisce nemmeno la prima volta che Ingmar Bergman prende, nei suoi film, posizione nei confronti della guerra.

A ben guardare, infatti, la polemica anti-bellica era già presente in molte sue importanti opere precedenti:

- in *Persona*[16] (benché solamente nel Prologo) mostra le immagini dei bonzi che si danno fuoco per protesta contro l'invasione militare del loro paese;

- ne *Il settimo sigillo*[17], fa sbeffeggiare la guerra (nel caso specifico le Crociate) da Jons il sagace e facondo scudiero; ed anche il Cavaliere Antonius Block mostra di non esserne tanto entusiasta;

- in *Luci d'inverno*[18] la sua idea

16 *Persona,* 1966.
17 *Smulltronstallet,* 1957.
18 *Nattsvardgasterna,* 1963.

anti-bellica era presente come catastrofe annunciata nell'ossessione del pescatore Johan Persson che, prima si fissa, poi impazzisce definitivamente, infine si suicida, per il rischio, giudicato incombente e inevitabile, della bomba atomica cinese e per l'odio immane che si sta accumulando nel mondo;

- ne *Il silenzio*[19] mostrava, quasi come monito di un mondo inquieto e nervoso e guerrafondaio, carovane di carri armati che percorrono la misteriosa e incomprensibile città di Timoka.

Il tema della guerra, quindi, che era già stato solo accennato dal regista, nei film citati precedentemente, qui

---

19 *Tystnaden*, 1963.

diventa centrale: ed è rappresentato da Ingmar Bergman come la violenza contagiosa della Storia, un demone senza volto né nome, che scatena la perfidia e la violenza latenti in ogni uomo.

In una parola: il fattore scatenante di tutti i mali e della distruzione del mondo.

Non a caso Ingmar Bergman si disinteressa di farci sapere chi abbia dichiarato guerra a chi; chi siano gli eserciti che si fronteggiano, né su quale scenario geografico; né tanto meno quali ne siano le reali motivazioni.

Lo spettatore sa solo, per deduzione, che ad un certo punto il teatro di alcune operazioni belliche diventa l'isola sulla quale Eva e Jan avevano scelto di abitare dopo il ritiro dall'attività dei musicisti.

La vergogna è anche una finissima

metafora sul valore dell'arte; un film sull'atteggiamento dell'arte, anzi degli artisti, nei confronti della violenza e della violenza della guerra.

E' rimasta celebre la battuta del colonnello Jacobi (Gunnar Bjornstrand): *"Santa libertà dell'arte, santa fragilità dell'arte!"*

L'arte, in questo caso la musica, viene vista come strumento per innalzarsi e per raggiungere il livello più alto, quello delle vette eccelse concesse solo al creatore. [20]

Ma *La vergogna* è anche un film (indirettamente) sulla religione e su Dio (sebbene non si parli mai apertamente di Dio; ma si parli apertamente dell'uomo e delle sue paure e dei suoi problemi e dei suoi sogni).

Anzi, se ci si passa il paradosso, si può

---

20 *Ars gratia artis* (Traduzione letterale: *l'arte solo per l'arte*).

dire che è un film sul silenzio
dell'uomo sulla religione e su Dio,
come risposta al silenzio della
religione e di Dio sull'uomo.[21]

---

21 Tema assai caro a Ingmar Bergman che lo tratta in
molti suoi film e in particolare nei film della cd.
Trilogia del silenzio di Dio, composta da: *Come in
uno specchio; Luci d'inverno; Il silenzio.*

CONCLUSIONE

"*Questo film* - dice lo stesso Bergman - *tratta di persone che non hanno nessuna fede, nessuna convinzione politica e che non possono proporre niente. Sono degli ingenui. Non cercano di capire qualcosa né di prendere posizione.*[22]"

Semplice, in modo quasi disarmante, ma magistrale e perfetta ricostruzione di un guerra *"normale"*, che alla fine fa almeno impostare ai sopravvissuti un piccolo passo verso il loro futuro e il futuro del mondo.

Il film mostra tutta la *"inevitabilità"* di un sogno comune.

E, ancora una volta, come aveva già fatto in altri film precedenti, Ingmar Bergman ricorre all'escamotage del sogno, per descrivere lo stato d'animo

---

22 Ingmar Bergman, *Lanterna magica.*

della protagonista e mandare in circolo un grande messaggio di vita e di speranza.

Liv Ullmann è superba nell'impegnativo ruolo centrale - che richiese un completo coinvolgimento emotivo, sia col marito (Max von Sydow) che col suo amante (Gunnar Björnstrand).

Max von Sidow, è credibile e addirittura detestabile, sia nel ruolo di assassino di uomini che di potenziale, ma incapace, ...assassino di polli.

Ed è grande anche quando sviene, quasi pavidamente.

Il film fornisce anche un grande apologo sulla pericolosità delle armi e sulla loro capacità di trasformare in killer a sangue freddo anche una persona che potenzialmente non sarebbe capace di uccidere con le sue stesse mani nemmeno un mite ed indifeso animale da cortile.

Da antologia la scena nella quale Max von Sidow non riuscendo ad ammazzare una gallina, torcendogli il collo con le mani, tenta addirittura di sparare al volatile pennuto.

Peraltro non riuscendo nel suo intento.

La vergogna, (anzi, *Vergogna,* come dovrebbe essere tradotto più correttamente il titolo in svedese: *Skammen*) è, senza enfasi, uno dei più grandi film di Ingmar Bergman.

Ma, forse e a torto, anche uno dei meno conosciuti e meno reputati.

Contrariamente a quanto pensano i detrattori del maestro svedese, nella lunga scena finale di questo film più che in altri, Ingmar Bergman apre le porte alla speranza; invia un messaggio positivo e di fiducia nel futuro dell'uomo, mostrando di non prediligere pregiudizialmente scenari foschi, negativi, apocalittici e tenebrosi.

Eva e il marito si trovano a navigare in un mare di cadaveri ed Eva inizia a sognare che è diventata mamma: il sogno ancora una volta in un film di Ingmar Bergman si fonde con la realtà[23] e viceversa.

Ma anche la morte e la vita si fondono. Come dimenticare la scena del loro compagno di viaggio che quasi in uno stato di trance si cala lentamente nell'acqua lasciandosi inghiottire dalle onde limacciose?

Ma se, sulla stessa barca, una persona smette di sognare, di credere nel futuro, ritenendo che l'unica soluzione alla sua angoscia della vita sia di abbandonarsi alla morte, nel contempo può esserci, a solo qualche metro, un'altra persona che si aggrappa alla vita e vince la paura del vivere, ma anche del morire, mantenendo in vita

---

23 Secondo l'insegnamento di Schopenauer, che Ingmar Bergman conosce bene: *"La vita è un sogno ad occhi aperti."*

se stessa col sogno di diventare madre di una bambina.

Il sogno che Eva Rosenberg aveva sempre desiderato di vivere, anche quando la guerra infuriava.

Adesso, infatti, quella umanità mortificata nell'animo ma desiderosa di sopravvivere alla guerra fugge, dalla guerra e dalla morte: naviga, seppur lentamente, verso la vita e verso la sua prosecuzione: verso la speranza che tiene in vita.

Non a caso il mare si libera della presenza incombente della morte, si libera dei numerosi cadaveri, aprendo uno scenario più vivido, meno opprimente, alla vita che si perpetua.

Infine, sul significato recondito del film, l'interpretazione autentica, stringata, asciutta ma eloquente, fornita dallo stesso Ingmar Bergman, qualche anno dopo l'uscita del film nelle sale cinematografiche.

Contenente, fra l'altro, anche un chiaro riferimento *"politico"* alla Primavera di Praga.

"Il film non è sulla enorme brutalità della guerra, ma solo sulla sua meschinità. E' esattamente come quello che è successo per i Cechi. Hanno difeso i loro diritti, e ora, lentamente, essi vengono sottoposti a una tattica di abbrutimento che li logora. La vergogna *non riguarda le bombe. Si tratta di una progressiva infiltrazione di paura... Ma* La vergogna *non è abbastanza preciso. La mia idea originale era quella di mostrare solo un giorno prima che la guerra scoppiasse. Ma poi ho scritto altre cose e tutto è andato storto, non so perché. Non ho visto di recente* La vergogna, *ed ho un po di paura a farlo. Quando si fa un quadro del genere, devi essere, necessariamente,*

molto duro con te stesso. E' una
questione   morale."

NOTIZIE SUL FILM

Titolo originale	*Skammen*
Lingua originale	Svedese
Paese di produzione	Svezia
Anno	1968
Durata	103 min
Colore	B/N
Audio	sonoro (mono)
Rapporto	1,37:1
Genere	Guerra
Regia	Ingmar Bergman
Soggetto	Ingmar Bergman
Sceneggiatura	Ingmar Bergman
Produttore	Lars-Owe Carlberg
Casa di produzione	Cinematograph AB, Svensk Filmindustri (SF)
Fotografia	Sven Nykvist
Montaggio	Ulla Ryghe
Scenografia	P.A. Lundgren
Costumi	Mago

Liv Ullmann: Eva Rosenberg
Max von Sydow: Jan Rosenberg
Sigge Fürst: Filip
Gunnar Björnstrand: colonnello
Jacobi
Ulf Johansson: il medico
Birgitta Valberg: signora Jacobi
Hans Alfredson: Lobelius
Ingvar Kjellson: Oswald
Frank Sundström: direttore degli
interrogatori
Vilgot Sjöman: intervistatore
Bengt Eklund: guardia
Gösta Prüzelius: il vicario
Willy Peters: ufficiale superiore
Barbro Hiort af Ornäs: donna sul
barcone
Agda Helin: moglie del mercante
Ellika Mann: guardia della
prigione
Rune Lindström: uomo grasso
Axel Düberg: pilota
Lars Amble: ufficiale
Per Berglund: soldato

Jan Bergman: autista di Jacobi
Karl-Arne Bergman
Lilian Carlsson
Gregor Dahlman
Nils Fogeby
Karl-Axel Forssberg: il segretario
Åke Jörnfalk: condannato a morte
Eivor Kullberg
Monica Lindberg
Stig Lindberg: assistente del
medico
Frej Lindqvist
Raymond Lundberg: figlio di
Jacobi
Börje Lundh
Brita Öberg: donna
Georg Skarstedt: uomo sulla
barcone
Björn Thambert: Johan
Nils Whiten: vecchio
Brian Wikström

PREMI VINTI

1970, *Cinema Writers Circle Awards*, Spagna, migliore film straniero.

Kansas City Film Critics Circle Awards 1970: miglior film straniero.

1969, *National Society of Film Critics Awards*, USA, migliore attrice Liv Ullmann, migliore regia, migliore film.

1969, *Guldbagge Awards*, Svezia, migliore attrice Liv Ullmann.

National Board of Review Awards 1969: Miglior film straniero.

National Board of Review Awards 1968: miglior attrice, Liv Ullmann

Seminci 1969, Valladolid (Spagna): premio speciale della giuria.

BIBLIOGRAFIA

Ingmar Bergman, *Immagini.*

Ingmar Bergman, *Lanterna magica.*

Sergio Trasatti, *Ingmar Bergman.*

Antonio Costa, *Ingmar Bergman.*

Salvatore M. Ruggiero, *Il genio di Uppsala, Il grande cinema di Ingmar Ernst Bergman spiegato a chi lo ignora.*

Aldo Garzia, *Bergman, The Genius.*

Claudio Papini, *Ben ritrovato, Ernst Ingmar!*

INDICE

Pagina   3   Dedica

Pagina   4   Una frase

Pagina   5   Prologo

Pagina 16   Sinossi

Pagina 22   Recensione

Pagina 30 Conclusione

Pagina 37 Notizie sul film

Pagina 38 Personaggi e interpreti

Pagina 40 premi vinti

Pagina 41 Bibliografia

Pagina 42 Indice

www.ingramcontent.com/pod-product-compliance
Lightning Source LLC
Chambersburg PA
CBHW071304280526
45788CB00004B/1827